目次

日本共産党創立96周年記念講演会

いま日本共産党綱領がおもしろい
——激動の情勢のもとでの生命力

志位和夫委員長の講演

2018年7月11日

記念講演する志位和夫委員長＝2018年7月11日、東京都中野区

会場のみなさん、全国のみなさん、こんばんは（「こんばんは」の声）。日本共産党の志位和夫でございます（拍手）。

今日は、記念講演会に会場いっぱいのみなさんがお集まりくださいまして、まことにありがとうございます。心のこもったごあいさつをいただいた高田健さん、中野晃一さんにも、あつく感謝を申し上げます。（拍手）

豪雨被害——被災者の苦しみに寄り添って あらゆる支援を

冒頭、豪雨災害によって、犠牲となられた方々に深い哀悼の意を表するとともに、被害にあわれた方々に心からのお見舞いを申し上げます。

一昨日、6野党・会派の党首がそろって首相官邸に行き、政府として災害対応を国政の最優先課題にすえて全力で取り組むことを申し入れました。救命・救助、猛暑のもとでの健康面のサポートはもとより、被災者のみなさんの苦しみに寄り添って可能なあらゆる支援を行うことを、重ねて政府に強く求めます。

日本共産党としても被災者支援のボランティアと救援募金を始めました。党をあげて全力で取り組む決意であります（拍手）。ご協力を心からお願いいたします。

綱領改定から15年——大激動のなかで生命力を発揮

さてみなさん。いま内外の情勢を見渡してみますと、希望ある変化をはらむ大激動の情勢が進展しています。

安倍政権による国政私物化と強権政治は、文字通り史上最悪のものですが、これに対抗して市民と野党の共闘が曲折をへながらも発展しています。海外に目を向けますと、歴史的な南北、米朝首脳会談をへて、朝鮮半島で平和の激動が始まっています。私が、今日、お話ししたいのは、こうした大激動の情勢のもとで、日本共産党の綱領が、大きな生命力を発揮しているということです。

いまの日本共産党綱領は、2004年1月の第23回党大会で改定されたものですが、綱領改定案が発表されたのは2003年6月の第7回中央委員会総会であり、今年でちょうど15年となります。

そこで今日、私は、「いま日本共産党綱領がおもしろい——激動の情勢のもとでの生命力」と題しまして、四つの角度から、今日の情勢のもとで私たちの綱領が発揮している力についてお話をさせていただきたいと思います。どうか最後までよろしくお願いいたします。（拍手）

第一。自民党政治を根本から変える日本改革の羅針盤

まず第一にお話ししたいのは、日本共産党の綱領が、自民党政治を根本から変える日本改革の羅針盤《らしんばん》となっているということです。

安倍政権は、疑惑と不祥事にまみれ、内政、外交ともにボロボロの末期状態です。しかしこれは、安倍（晋三）首相個人の特異な資質の問題にとどまるものではありません。資質の問題も大いに影響していますが（笑い）、それだけの問題ではありません。

この政権を支える自民党政治そのものが末期状態に陥《おちい》っています。その根本には、私たちの綱領が明らかにしている日本社会の「二つの歪《ゆが》み」が、いよいよ

行き詰まってきたという大問題があります。

「異常なアメリカ言いなり」――普天間第二小学校が置かれている現実

一つは、「異常なアメリカ言いなり」という歪みです。この歪みの行き詰まりの象徴として、沖縄に目を向けていただきたいと思います。

昨年（2017年）12月、宜野湾《ぎのわん》市の米軍普天間《ふてんま》基地に隣接する緑ケ丘保育園、普天間第二小学校に、米軍ヘリからの部品や窓枠があいついで落下するという事故が起こりました。私は、今年2月に、保育園と小学校にうかがい、どちらもあわや子どもたちを直撃する惨事になりかねなかったというお話を聞いて、背筋の凍る思いでした。

それから半年。現場はどうなったでしょうか。事故後、米軍は飛行ルートを「最大限可能な限り市内の学校上空は避ける」としましたが、状況は変わっていません。米軍機が学校上空に接近するたびに、沖縄防衛局の監視員の指示で児童が校庭から校舎に走って避難するという異常な事態が続いています。避難の回数は、校庭の使用を再開した2月13日から6月28日までで何と合計635回（**驚きの声**）、多い時は1日29回に及びます。琉球新報は、事件半年目の学校ルポで次のように書きました。

「3年生の児童約30人が体育の授業で準備体操を始めた時だった。『逃げてください』。校庭の隅から駆け寄ってきた沖縄防衛局の監視員が拡声器でそう叫ぶと、児童が一斉に校舎へ走り出した。……その直後、半年前に窓を落としたヘリと同型のCH53E1機が、騒音をまき散らしながら校庭の上空をかすめた。機体の腹がくっきり見えるほど近く、見上げる場所によっては真上にも見える。……45分間の授業中、同じ光景がさらに2回続き、その度に児童の集中が切れた。『1回の授業に3回も中断があったら授業が成り立たない』。以前、避難について語った桃原《とうばる》修校長の言葉が頭をよぎる。現実を前に、その言葉の意味がはっきりと分かった」（琉球新報、2018年6月13日付）

まるで戦時下の空襲警報です。体育の授業中に避難する学校などありえないことです。米軍機は事故を起こしても何事もなかったかのようにすぐに飛行を再開してしまう。ところが日本政府は米軍の言い分をうのみにして飛行再開を容認してきました。これで主権国家の政府と言えますか（**「言えない」の声**）。政府は、子どもたちに避難指示を出すのでなく、米軍に飛行中止を求めるべきであります。（**大きな拍手**）

日米両政府が普天間基地返還で合意したのは22年前の1996年です。なぜアメリカ自らが「世界一危険」と認めた基地が、22年間1ミリたりとも動かなかったのか。「県内移設」という条件付きだったからです。沖縄の22年間の現実は、アメリカ言いなりのこの路線が完全に行き詰まっていることを示しているではありませんか。

宜野湾市民を苦しめている海兵隊基地は、辺野古《へのこ》であれ、どこであれ、住民を苦しめることに変わりはありません。だから閉鎖・撤去以外にない。辺野古新基地は決して認めない。これが「オール沖縄」の建白書に明記された沖縄県民の総意であります。

私は、日本政府に、沖縄県民の総意を踏まえた対米交渉を行うことを、強く要求したいと思います。（拍手）

米軍基地問題は日本の国のあり方を問うている ――フィリピンの歴史的教訓から

米軍基地問題は、日本という国のあり方を問うています。

フィリピンでは、マルコス独裁政権を倒したピープルパワー革命をへて、1987年、新憲法が制定されました。その憲法にもとづいて、1991年、上院は、米軍基地使用延長条約の批准を否決し、翌年、スービックとクラーク――アジア最大級の二つの米軍基地は撤去されました。

批准を否決するために、上院は、フィリピンの米軍基地が「主権を侵害」し、「従属を永続化」し、新憲法と両立しないと断罪する決議を採択しました。基地撤去によって、米軍犯罪や事故など、基地にまつわるもろもろの忌《い》まわしい問題は一掃され、基地の跡地には経済的繁栄が訪れました。

その後、フィリピンでは、米艦船の寄港や一時駐留などの動きもありますが、巨大基地の復活などは、憲法にてらして考えられません。自国の憲法と相いれない存在は、たとえ超大国の軍事基地であっても、きっぱり退ける。独立した主権国家ならば、これが当たり前の姿勢ではないでしょうか。（「そうだ」の声、拍手）

ひるがえって在日米軍基地はどうか。その治外法権的な特権は世界に類のないものです。そして沖縄をはじめとして、その実態が、日本国憲法がさだめた平和主義、基本的人権、民主主義、そして地方自治と相いれないものであることは、事実が示しているではありませんか。そうであるならば、日本国憲法にしたがって基地のない沖縄、基地のない日本をめざすことこそ、いま日本の政治に求められているということを、私は、強く訴えたいのであります。（拍手）

「ルールなき資本主義」――労働者の健康が壊され、企業も社会も立ち行かなくなる

いま一つは、「ルールなき資本主義」という歪みです。日本では、国民の暮らしや権利を守るルールが諸外国に比べてあまりに弱い。そのうえ、ただでさえ弱

いルールを取り払ってしまおうという動きが進められてきました。

安倍政権は、「高度プロフェッショナル制度」＝「残業代ゼロ制度」をはじめとする「働き方」一括法を強行しました。過労死家族の会のみなさんが「過労死が確実に増えてしまう」と座り込みまでして安倍首相に面会を求めたにもかかわらず、聞く耳を持たず、この希代の悪法を強行したことに対して、私は、みなさんとともに、強く抗議するものです（**拍手**）。たたかいは終わりません。「残業代ゼロ制度」を職場に持ち込ませず、廃止するための新たなたたかいを起こそうではありませんか。（**拍手**）

自民党政治は、「成長のため」「強い経済」といって、労働法制の規制緩和を繰り返してきました。派遣社員や契約社員など、低賃金・不安定な非正規雇用労働者が大量につくられました。違法な「サービス残業」――ただ働き残業をまん延させる一方で、裁量労働制、「高度プロフェッショナル制度」など、残業代を払わない長時間労働を拡大してきました。

こうした「使い捨て」労働がもたらしたものは何か。過労死、過労自殺、「心の病」のまん延です。労働者の命と健康が危機にさらされ、企業も、経済も、社会もたちゆかなくなる瀬戸際に立たされているのではないでしょうか。ここでも自民党政治は深刻な行き詰まりに直面しています。

財界の当事者から〝間違いだった〟の発言
――経済政策の大転換を求める

いま注目すべきは、こうした現実を前にして、「使い捨て」労働の旗振りをしてきた財界の当事者から、〝間違いだった〟という発言が出ていることです。2人の証言を紹介したいと思います。

1人は、政府の総合規制改革会議などの議長を10年以上も務めたオリックスのシニア・チェアマンの宮内義彦氏です。宮内氏は、昨年12月のインタビューで次のように述べています（「朝日」、2017年12月17日付）。

「経済が行き詰まった平成では、『会社は誰のものか』という問題も突きつけられた。『経営者は株主に奉仕する』というのが、資本主義の原則だ。私もそれが最も効率的に社会に富をもたらすと訴えてきた。『業績を上げるのが最優先だ』と。いまは、この考え方が変わった。米国は企業の稼ぐ力では抜きんでているが、貧富の格差が社会の亀裂を生んでいる。これを調和させるために社会が払うコストは高い。ここ5年ほどで、『そういう資本主義でいいのか』と疑問を抱くようになった。

会社は人、モノ、カネをうまく使って経営する。だが、人はモノやカネとは違う。最大限の配慮が必要だ。経済活動は人に奉仕するために存在する。『昔言っていたことと違う』と言われるかもしれないが、時代にあわせて人は変わるべきだ。次の時代は、より分配に力を入れた

社会をめざすべきだ」（拍手）

宮内氏が議長をしていた時期に、総合規制改革会議はどんな答申を出しているか。派遣労働の期間制限の緩和、裁量労働制の拡大、そして悪名高い「ホワイトカラー・エグゼンプション」＝「残業代ゼロ制度」などを答申しています。この間、第2次安倍政権が強行した労働法制改悪のメニューのすべてが出てくるではありませんか。ところが、その設計図を描いた当事者が、「いまは考え方が変わった」――当時の考え方は〝間違っていた〟といっているのであります。

もう1人、１９９５年、当時の日経連が提言「新時代の日本的経営」をまとめるさいに、常務理事として関わった成瀬健生《たけお》氏です。この提言は、正社員から非正規社員への置き換えの号令をかけた悪名高いものです。ところが成瀬氏は、最近になってこういっています。

〝この提言を出してから毎年フォローアップ調査をやっていたら、調査のたびに非正規の比率が増えていくのに困惑した〟。「困惑」といわれても、提言で、非正規の比率が増えるように旗を振ったのは成瀬氏自身なのですが（笑い）、おそらく予想を超えて非正規が広がってしまったということでしょう。

そして成瀬氏は、次のような驚くべき発言をしています。「もし、いま日経連があるなら、今度は非正規の正規化を提言しているだろう」（「朝日」、２０１７年11月5日付）。これはぜひやってもらおうではありませんか。（拍手）

「使い捨て」労働を主導してきた財界の当事者が、あまりにもひどいことになったと言って、「考え方を変えた」と言っている。破たんを自ら認める発言ではないでしょうか。

ところが安倍政権は、財界の当事者が〝間違っていた〟という道を、〝間違っている〟という自覚なしに暴走している。このような勢力に日本経済のかじ取りをまかせるわけには、もはやいかないではありませんか。（「そうだ」の声、拍手）

８時間働けばふつうに暮らせる社会をつくりましょう。１％の富裕層と大企業のための政治から99％の国民のための政治に切り替えましょう。国民の暮らしと権利を守る「ルールある経済社会」をめざし、経済政策の大転換を求めて、たたかおうではありませんか。（拍手）

「二つの歪み」を根本からただし、「国民が主人公」の民主主義日本をつくろう

みなさん。「異常なアメリカ言いなり」「ルールなき資本主義」という日本社会の「二つの歪み」は、どちらも行き詰まりの極みにきています。

「二つの歪み」を根本からただし、本当に「国民が主人公」といえる民主主義の日本をつくろうという日本共産党綱領の呼びかけが、日本を救う道であることが、日々浮き彫りになりつつあるのではないでしょうか。（拍手）

そして、日本共産党が、どんなに複雑な情勢が起こっても、ブレずに、国民の

立場に立ってがんばり抜くことができるのは、綱領という未来をてらす確かな羅針盤をもっているからだということを、私は強調したいと思います。

綱領を羅針盤として、国民の大多数の利益にこたえる独立・民主・平和の新しい日本を築くために、全力をあげてたたかう決意を表明するものです。（**大きな拍手**）

第二。市民と野党の共闘に取り組む確かな土台

第二にお話ししたいのは、私たちが市民と野党の共闘に取り組む確かな土台となっているのが、日本共産党綱領だということです。

共闘にこそ政治を変える唯一の活路がある――３年間のたたかいが証明

安保法制＝戦争法が強行された２０１５年９月19日、日本共産党は、「戦争法（安保法制）廃止の国民連合政府」を提唱し、全国規模での市民と野党の選挙協力の追求という新たな道に踏み出しました。

それから約３年がたちました。共闘はさまざまな困難や曲折にも遭遇しましたが、確かな成果をあげてきたと、私たちま考えています。

２０１６年の参議院選挙では、全国32の１人区のすべてで野党統一候補が実現し、11の選挙区で勝利しました。32のうち28の選挙区では、野党統一候補の得票が、４野党の比例票の合計を上回りました。「１＋１」が２でなく、それ以上になる「共闘効果」が発揮されました。

２０１７年の総選挙では、共闘は突然の逆流に見舞われましたが、わが党は市民と連携して共闘の再構築に力をつくしました。共闘勢力一本化のために全国67の小選挙区で候補者を降ろすという決断を行い、共闘勢力全体では議席を大きく増やしました。わが党が候補者を擁立しなかった83選挙区のうち、32選挙区で共闘勢力が勝利し、63選挙区で小選挙区の得票が３野党の比例票を上回り、「共闘効果」はふたたび証明されました。

そして今年、２０１８年の共闘の成果としては、私は、国会共闘の画期的な発展をあげたいと思います。裁量労働制のデータ捏造《ねつぞう》を明らかにし、この部分を法案から削除させたのは、野党の結束したたたかいがもたらした大きな成果といえるのではないでしょうか（**拍手**）。森友・加計疑惑でも、関係者の国会招致を実現し、公文書の改ざん、隠蔽《いんぺい》、虚偽答

弁を認めさせ　安倍政権をきりきりまで追い詰めています。

共闘にこそ政治を変える唯一の活路がある。これは3年間のたたかいによってすでに証明された、確かな事実といえるのではないでしょうか。（拍手）

そして共闘を通じて、市民運動のみなさん、他の野党のみなさんと、互いに信頼し、リスペクトし、尊重しあう、「連帯の絆」が、全国どこでも広がったことは、今後に生きる最大の財産だということを、私は確信をもって言いたいと思います。

安保法制＝戦争法を廃止し、日本社会を大本から立て直そう

それでは、開始された共闘をどうやって前進・発展させるか。私は、三つの点を訴えたいと思います。

第一は、憲法違反の安保法制＝戦争法を廃止し、立憲主義を回復することを、市民と野党の共闘の「一丁目一番地」として、あらためて土台にすえるということです。

安倍首相の学生時代の教員の一人、成蹊大学名誉教授の加藤節《たかし》さんは、「しんぶん赤旗」（7月3日付）のインタビューで、安倍首相をこう痛烈に叱りました。

「安倍氏は本当に歴史を知らない。一国の首相としてうそつきと呼ばれても恥じない。……責任を取って政治家を辞める決断力もない（笑い）。『現代日本』を主語としたときに、もっとも的確にそれを示す述語は何か？　それは『非合法性』だと思います。現代日本には『非合法性』が瀰漫《びまん》している」

安倍政治の現状を鋭く言い当てた批判ではないでしょうか。

それではなぜ、ここまで政治が堕落したのか。その根源に何があるのかを考えてみますと、安保法制＝戦争法による立憲主義の破壊という大問題があるのではないでしょうか。この暴挙のさいに、安倍政権は、戦後60年余り続いた「憲法9条のもとでは集団的自衛権は行使できない」という憲法解釈の改ざんをやったのです。これだけ重大な改ざんをやったら、森友公文書の改ざんなどお茶の子さいさい（笑い）、痛くもかゆくもない。国政を私物化しても良心の呵責《かしゃく》を感じない。こうなったのではないでしょうか。

安保法制の強行は、日本の平和を危険にさらすとともに、底なしの政治モラルの崩壊につながったのではないでしょうか。（「そうだ」の声、拍手）

だから私は心から訴えたい。力を合わせて安保法制を廃止し、日本社会を大本から立て直そうではありませんか。（大きな拍手）

安倍政治は5年半も続いています。日本社会にあたえた被害は甚大です。安倍政治によって壊された、暮らし・平和・民主主義の一つひとつを立て直し、より豊かな姿で再生・復興しようではありませんか。（拍手）

お互いに全力で支援しあう「本気の共闘」を今度こそ実現しよう

第二は、来年の参議院選挙で、全国32の1人区のすべてで、今度こそ「本気の共闘」を実現することであります。

とくに訴えたいのは、今度こそ本格的な相互推薦・相互支援の共闘を実現することです。過去2回の国政選挙――参院選と総選挙で、私たちは、候補者を一方的に降ろすという対応を行いました。参院選では最初の共闘を成功させるためでした。昨年の総選挙では突然の逆流という緊急事態に対応するためでした。私は、それぞれが適切な対応だったと確信しています。悔いはありません（**拍手**）。日本の民主主義に貢献する対応だったと考えています。（**拍手**）

同時に、私たちは、次の参院選では、「過去2回のような一方的な対応は行わない」「あくまで相互推薦・相互支援の共闘をめざす」ことを、党の方針として決めています。

それは何よりも「強い共闘」をつくるためには、どうしても必要だと考えるからです。お互いに譲るところは譲り合い、お互いに全力で支援しあう、共闘に参加するすべての政党が伸びていく、そういうたたかいをやってこそ市民も野党も本当の底力を発揮し、政権・与党がどんな激しい攻撃をかけてきても、それをはね返して勝利をかちとり、共闘を発展させることができるのではないでしょうか。（**拍手**）

また、ここでお互いに腹をすえてこそ、共通政策を豊かで魅力あるものにしていく知恵も出てきますし、野党連合政権の問題でも前向きの合意をつくる道が開かれるのではないでしょうか。

「本気の共闘」、やろうじゃないですか（**「よし」の声、拍手**）。来年の参議院選挙を、「本気の共闘」を実現し、共闘の勝利と日本共産党の躍進で、安倍政権を倒し、新しい政治をつくる選挙にしていこうではありませんか。（**大きな拍手**）

直面するたたかいに結束して取り組み、共闘発展の展望を開こう

第三は、国民の切実な願いにこたえ、直面するたたかいの一つひとつに結束して取り組むということです。

私が、この3年間、共闘に取り組んで実感しているのは、あらかじめ決まった計画通りに進むものではないということです。直面するたたかいに結束して取り組むなかで、新たな信頼関係が強まり、次の展望が開けてきます。この3年間を振り返っても、そうした模索と実践の連続だったのではないでしょうか。

憲法問題で、野党各党にはそれぞれの憲法観がありますが、「安倍政権のもとでの9条改憲は許さない」という一点では、たしかな一致があります。憲法を守らない安倍首相に憲法を語る資格なし

志位和夫委員長の講演を聞く参加者＝2018年7月11日、東京都中野区

（「そうだ」の声）。この一点で結束し、（安倍9条改憲反対の）「3000万署名」を集めきり、9条改憲の企てを安倍政権もろとも葬ろうではありませんか。**（「そうだ」の声、大きな拍手）**

原発問題では、野党4党で「原発ゼロ基本法案」を国会に共同提出しました。動いている原発は速やかに止め、再稼働は許さない。筋の通った法案です。これまでなかなか原発問題では野党間の一致がなかったのですが、ついに原発問題でも野党共闘の旗が立ったことをみなさんにご報告したいと思います**（拍手）**。画期的な基本法実現にむけて、全国の草の根から運動を広げようではありませんか。

沖縄では、辺野古新基地を許さないたたかいが正念場を迎えています。11月の県知事選挙で翁長《おなが》雄志《たけし》知事の再選を勝ち取るならば、辺野古新基地は決してつくれません**（「そうだ」の声、拍手）**。ここに確信をもって、「オール沖縄」の結束を強め広げるとともに、このたたかいを全国の市民と野党の共闘の一大課題にしっかりすえることを、心から呼びかけるものであります。**（大きな拍手）**

「共闘でもブレない」――その土台に綱領の統一戦線、多数者革命の方針が

みなさん。日本共産党に対して「共闘でもブレない」という評価が寄せられていることは、うれしいことです。ブレない土台は、日本共産党綱領にあります。

私たちの綱領は、共産党だけで社会を変えるといった独善的な考えとは無縁です。社会発展のあらゆる段階で、思想・信条の違いを超えた統一戦線――共同の力で社会を変革することを大戦略にしています。

この方針の根本には、社会の段階的発展と多数者革命という考え方があります。社会というのは、一歩一歩、階段をのぼるように、その時々の国民の切実な

願いを解決しながら、段階的に発展していきます。そして、その階段のどの一歩も、選挙でしめされた国民の多数の意思をふまえて上がる。階段で上がっていく。エスカレーターではありません（**笑い**）。階段なのです。

多数の力で一歩一歩社会を変えながら、国民自身が、社会というのは国民の意思で変えられるという確信をつかみ、この方向で進めばもっと立ち入った変革に前進できるという自信を強め、信頼と連帯の輪を広げ、一歩一歩進んでいく。これが私たちの綱領が示す多数者革命の発展の道であります。

綱領を指針に、私たちは、いったん開始した市民と野党の共闘の道を、市民のみなさんと手を携《たずさ》え、とことん追求し、新しい日本を築くためにあらゆる知恵と力をつくす決意を申し上げたいと思います（**大きな拍手**）。力をあわせともにがんばろうではありませんか。（**大きな拍手**）

第三。21世紀の世界をとらえ、独自の平和外交を進める指針

第三にお話ししたいのは、私たちが、21世紀の世界をとらえ、独自の平和外交を進めるうえで、確かな指針となっているのが日本共産党綱領だということです。

米朝首脳会談――「戦争の脅威から抜け出したこと以上に重要な外交的成果はない」

朝鮮半島で平和の激動が始まっています。

4月27日、南北首脳会談が行われ、「朝鮮半島の完全な非核化」と「年内の朝鮮戦争の終結」をうたった「板門店《パンムンジョム》宣言」が出されました。続いて、6月12日、シンガポールで、史上初の米朝首脳会談が行われ、「新しい米朝関係の確立」を約束し、朝鮮半島の平和体制の構築と完全な非核化で合意しました。

日本共産党は、南北、米朝――二つの歴史的な首脳会談と、それによって開始された平和のプロセスを心から歓迎するものです。

米朝首脳会談についてさまざまな議論がありますが、何よりも重要なことは、対立から対話への局面の大転換が起こった、それによって米国、北朝鮮、韓国、日本、全世界の人々が戦争の脅威、核戦争の脅威から抜け出す扉が開かれた――ここにあるのではないでしょうか。（**拍手**）

米太平洋軍司令官をつとめ、次期駐韓国大使に任命されたハリー・ハリス氏は、米上院外交委員会の指名承認公聴会（6月14日）で次のように語りました。

―われわれは２０１７年に、戦争が、不可避ではないにしても、あるかもしれないという状況だった」「（今では）まったく新しい状況の中にいる。私の経歴の中で初めてのことだが、平和が可能性を持っているところに立っている。われわれはそのことで勇気づけられるべきだ」

対北朝鮮軍事作戦の最前線にいた米軍の司令官のこの証言は、生々しい説得力をもっています。

みなさん。昨年を思い出していただきたい。米朝間で軍事的威嚇の応酬が続き、一触即発の状況が続きました。この状況が一変したではありませんか。

米朝首脳会談成功のために奔走《ほんそう》した韓国の文在寅《ムンジェイン》大統領は、首脳会談を受けてこう言いました。「戦争の脅威から抜け出したこと以上に重要な外交的成果はない」。まさにその通りではないでしょうか。（**拍手**）

米朝首脳会談について、いろいろな論評があります。いろいろと問題点をあげつらうような、否定的な、懐疑的な論評もありますが、いま大切なことは、南北、米朝──二つの首脳会談の歴史的意義をとらえ、開始された平和のプロセスが成功するよう、世界中が力をあわせることではないでしょうか。（**「そうだ」の声、大きな拍手**）

日本共産党の働きかけ──いま起こっている平和のプロセスへの一つの貢献に

それでは日本共産党はどう対応してきたか。

昨年から今年にかけて、この問題が国際政治の熱い焦点となるもとで、日本共産党が一貫してとってきた立場は、〝北朝鮮の核開発には、もとより断固反対だが、破滅をもたらす戦争だけは絶対に起こしてはならない、対話による平和的解決が唯一の道だ〟ということにありました。私たちは、この立場にたち、情勢の節々で態度表明を行い、関係国への働きかけを行ってきました。

昨年2月、米国のトランプ新大統領が、オバマ政権時代の「戦略的忍耐」──北朝鮮が非核化の意思と行動を示すまでは交渉をしないという政策の「見直し」を表明しました。これは注目すべき動きでしたが、「見直し」の方向が対話なのか軍事なのか、さだかではありませんでした。私は、ちょうどそのときに出演したＮＨＫの「日曜討論」で、「見直す」というなら、絶対に軍事の選択肢をとるべきではない、「米国は外交交渉によって北朝鮮に非核化を迫るべきだ」という提唱を行いました。

しかし、米朝間の軍事的緊張は高まるばかりでした。それは昨年夏ごろ、一つのピークに達しました。そういう状況のもとで、昨年8月、わが党は、このままでは偶発的な事態や誤算による軍事的衝突が起こりかねない、そうなったら取り返しのつかないことになると強く懸念し、「危機打開のため米朝は無条件で直接対話を」という声明を発表し、関係国に働きかけました。（**拍手**）

一大転機となったのは、今年２月の

平昌《ピョンチャン》五輪でした。私も、日韓議員連盟の一員として開会式に参加しました。寒かった（**笑い**）。零下10度の寒さはこたえましたが、開会式は熱気に包まれました。とくに南北の選手団が統一旗を掲げて入場行進するシーンは圧巻でした。スタジアムは総立ちの大歓声に包まれました。私はその場にいて、平和と統一を願う韓国国民の熱い思いを肌で感じ、強い感動をおぼえました。

平昌五輪を契機に、南北間、米朝間で、対話による平和的解決の流れが一挙につくりだされました。そうした新しい状況をうけて、わが党は、4月6日、「このチャンスを絶対に逃さないでほしい」という思いで、関係6カ国政府（アメリカ、韓国、中国、北朝鮮、日本、ロシア）に対する要請を行いました。「朝鮮半島の非核化と北東アジア地域の平和体制の構築を一体的、段階的に進めてほしい」。これが私たちが要請した内容であります。

世界は、日本共産党が求め続けた方向に劇的に動きました（**拍手**）。安倍首相が愚かにも「対話のための対話は意味がない」「最大限の圧力を」と最後まで一本調子で連呼したこととは対照的に、日本共産党が一貫して平和と理性の声を発信し続けたことは、いま起こっている平和のプロセスへの一つの貢献となったといっていいのではないでしょうか。（**大きな拍手**）

平和のプロセスが成功したら情勢は一変――「戦争する国づくり」の根拠は崩壊する

平和のプロセスは開始されたばかりであり、成功までには長い道のりが必要です。今後、さまざまな困難や曲折も予想されます。合意を具体化し、誠実に履行する、真剣で持続的な努力を関係国に求めたいと思います。

同時に、大きな希望とともに強調したいのは、この平和のプロセスが成功をおさめたらどうなるかということです。それは、文字通り、世界史を前に進める一大転換点になるということは間違いありません。地域の情勢も一変します。「脅威」とされてきたことが脅威でなくなり、各国の関係も敵対から友好への大転換が起こります。

日本の情勢にも大きな変化が起こります。その変化はすでに起こり始めていると言ってもいいと思います。

これまで安倍政権は、「戦争する国づくり」を進めるうえで、北朝鮮の「脅威」を最大の口実にしてきました。安保法制＝戦争法、大軍拡、辺野古新基地、憲法9条改定――すべてにおいて北朝鮮の「脅威」があおりにあおられました。

安倍首相が、２０１４年5月、集団的自衛権の行使の必要性を訴えた記者会見で使ったパネルを思い出してください。お母さんが乳飲み子を抱いて朝鮮半島と思われる紛争地から米国艦船で脱出しようとしているありえない想定（**笑い**）を描いたパネルをかざして、首相は国民をこう脅しました。

「彼らの乗っている米国の船を今、私

たちは守ることができない。それでいいのか」

こう言って安保法制を強行したのであります。

しかしみなさん。いま開始された平和のプロセスが成功をおさめたら、こうした北朝鮮の「脅威」を口実にした「戦争する国づくり」の企ては、その「根拠」を失うことになるではありませんか。それは安倍首相にとっては不幸なことかもしれませんが（**笑い**）、日本国民にとっては喜ばしいことであります。（**拍手**）

朝鮮半島で平和の激動が開始されたもとで、いま日本に求められているのは、平和の激動に逆らう「戦争する国づくり」では断じてありません。北東アジアに生きる国として、この地域に平和体制を構築するための外交的イニシアチブを発揮することこそ、憲法9条をもつ国の政府がなすべきことではないでしょうか（**大きな拍手**）。私は、そのことを強く求めたいと思います。

「北東アジア平和協力構想」、そして日米安保条約解消の大展望が

さらに未来を展望してみたいと思います。

開始された平和のプロセスがある程度進展し、米朝関係、南北関係が進展するならば、次に問題となってくるのは、北東アジア地域全体の平和体制をどうするか――この地域の多国間の安全保障のメカニズムをどう構築するかということになるでしょう。

日本共産党は、この問題への答えとなる提案をすでに4年前に明らかにしています。２０１４年の第26回党大会で打ち出した「北東アジア平和協力構想」という提唱です。

この間、私たちは、ＡＳＥＡＮ（東南アジア諸国連合）の国ぐにと交流するなかで、その経験に深く学んできました。そこには目をみはる平和外交の英知と実践がありました。ＡＳＥＡＮでは、東南アジア友好協力条約（ＴＡＣ）を結んで、紛争が起こっても決して戦争にしな

志位和夫委員長の講演に拍手をする人たち
＝2018年7月11日、東京都中野区

い――あらゆる紛争問題を話し合いで解決するという平和のルールを確立し、実践しています。

この北東アジアでも同じような地域の平和協力の枠組みをつくろう、この地域に関係する6カ国が北東アジア版のTAC――友好協力条約を結び、平和、協力、繁栄の北東アジアをつくろう――これが私たちの「北東アジア平和協力構想」であります。

私たちは、開始された平和のプロセスが進展すれば、こうした構想が現実のものとなる可能性が大いにあると考えています。北東アジア地域を戦争の心配のない平和の地域とするために力を合わせようではありませんか。（**拍手**）

こうした状況が進展すれば、日本の情勢にも新しい大展望が開けます。日米安保条約と在日米軍がはたして必要か。その存在が根本から問われることになるでしょう。（**「そうだ」の声**）

もともと日米安保条約は朝鮮戦争のさなかに結ばれたものです。1950年に朝鮮戦争が始まります。在日米軍が朝鮮半島に出撃し、日本全土が出撃・兵たん拠点とされました。こうした状況のもとで、日本全土を引き続き自由勝手に基地として使用するために結ばれたのが、1951年の日米安保条約でした。日米安保条約体制は、朝鮮戦争のなかで生まれた体制だったのです。

旧安保条約第1条、現行安保条約第6条では、「極東の平和と安全」のために日本に米軍基地をおくことができるとされました。その後、実際には、在日米軍は「極東」の範囲をはるかにこえて、ベトナム戦争、さらにアフガニスタン戦争やイラク戦争に投入されてきました。しかしあくまでも建前は「極東の平和と安全」なのです。

その「極東」が平和になったらどうなるか。朝鮮半島が非核・平和の半島になり、さらに6カ国がTACを結んで北東アジア地域全体が戦争の心配のない平和の地域になったらどうなるか。日米安保条約と在日米軍ははたして必要なのか。その存在が根本から問われることになるでしょう。もういらないということになりますね。（**「そうだ」の声、拍手**）

開始された平和のプロセスを成功させる、その先には、日本共産党綱領が日本改革の大目標としている「国民多数の合意で日米安保条約を解消し、本当の独立国といえる日本をつくる」という大展望がいよいよ開かれる――私は、このことを強調したいと思います（**大きな拍手**）。ワクワクしてきますね。

みなさん。こうした大展望をもちながら、開始された平和の流れを前に進めるために、力を合わせようではありませんか。（**大きな拍手**）

戦争に反対し、平和を願う各国の民衆の力が、今日の変化をつくった

さらにみなさん。ここで考えてみたいことがもう一つあります。なぜこの平和の激動が起こったのかということです。トランプ氏と、金正恩《キムジョンウン》氏という異色

のキャラクターをもった2人の首脳の相性が良かったからでしょうか（**笑い**）。そうしたことだけでは説明がつきません。私は、いま起こっている歴史的な激動の根本に働いている力は、戦争に反対し、平和を願う各国の民衆の力だと考えるものであります。（**「そうだ」の声、大きな拍手**）

今日の平和の激動をつくりだすうえで、決定的な役割を果たしているのが韓国の文在寅政権であることは誰も否定しないと思います。その外交的イニシアチブは称賛に値する（**大きな拍手**）。私は、そう考えています。（**拍手**）

それではなぜ文在寅政権が、画期的な外交的イニシアチブを発揮できたのか。それはこの政権が、「キャンドル（ろうそく）革命」が生みだした政権だったからです。韓国全土の街がキャンドルを手にした数十万、数百万の民衆で埋めつくされました。その力が文在寅政権をつくったのであります。

それでは「キャンドル革命」とはどんな革命だったか。前の政権の国政私物化と政治腐敗を許さない民衆の怒りが噴き出した革命でしたが、それだけではありませんでした。私は、先日、韓国の李洙《イス》勲《フン》駐日大使と懇談する機会がありました。そこで「キャンドル革命」の意義についても話し合いました。そこで大使が語った次の言葉は、とても感動的で納得のいくものでした。

「『キャンドル革命』のなかには平和に対する希望、平和への渇望が深く流れていたのです」

それまでの政権が、圧力一本やりで、交渉ができない。その間に、半島の危機がどんどん深まる。そういうもとで、絶対に、二度とこの半島で戦争を起こしてはならない――「平和にたいする希望、渇望」がわきおこり、「キャンドル革命」をつくりだしていったのであります。当事者の発言としてたいへん納得のいく説明でした。だからこそ文在寅政権は、あのような目覚ましい外交的イニシアチブを発揮することができたのだと思います。

いちばん深いところで民衆の力が働いている。そして民衆の力という点では、私は、日本の平和勢力と日本共産党のたたかいも今日の変化に貢献していると思います。昨年秋の総選挙のさいに、安倍首相が北朝鮮の「脅威」を「国難」とまでいいつのり、軍事を含む圧力強化だけを連呼したのに対して、私たちは、全国津々浦々で、戦争だけは絶対に起こしてはならない、対話による平和的解決をはかれ、日本政府はその立場にたてと、勇気をもって訴え抜きました。日本共産党のこの奮闘も、今日の変化に貢献しているといえるのではないでしょうか。（**大きな拍手**）

世界の構造変化と帝国主義論の発展
――綱領の生命力が輝いている

さらに大きな視点で見てみたいと思います。

日本共産党の綱領は、20世紀に起こった最大の変化として、植民地体制が崩壊し、100を超える国ぐにが独立をかちとって主権国家となったことをあげています。それは世界の構造変化と呼ぶにふさわしい偉大な変化でした。そして、21世紀の世界は、もはや一部の大国の思いのままになる世界ではない。すべての国ぐにが、対等・平等の資格で、世界政治の主人公となる新しい時代が到来しているという世界論を明らかにしています。

そうした新しい世界の姿は、昨年、国連で採択された核兵器禁止条約にも示されたではありませんか（**拍手**）。核兵器禁止条約は、各国による署名、批准のプロセスに入っていますが、この条約を推進する勢力と、反対する勢力による圧力との、激しいせめぎ合いになっています。この圧力をはねのけ、「ヒバクシャ国際署名」を世界で数億の規模で集め、条約の発効のために力をつくそうではありませんか。（**大きな拍手**）

こうして21世紀の世界は、20世紀と比べて、戦争と平和の力関係が変化して、平和の力がぐっと増しています。

そういう状況を踏まえて、私たちの綱領では帝国主義論を発展させました。すなわち、21世紀の新しい世界にあっては、「独占資本主義＝帝国主義」とはもはや言えなくなっている。その国が帝国主義かどうかは、その国の政策と行動のなかに侵略性が体系的に現れているかどうかで決まる。そういう立場から、私たちの綱領では、いまの世界で唯一、帝国主義といえるのは、アメリカだと判定しました。

ただ同時に、そのアメリカであっても、戦争と平和の力関係が変化するもとで、いつでもどこでも帝国主義的行動をとることはできなくなっているという分析もあわせて行ったのです。一方で、軍事的覇権主義の行動をとりながら、他方で、外交交渉による問題解決の動きもあらわれます。私たちは、米国の動向を二つの側面から、いわば「複眼」でとらえ、前向きの動きに対してはそれを促進する立場で働きかけるという対応をしてきました。「複眼」といっても昆虫の複眼ではありません（**笑い**）。いろいろな角度から物事を見るということです。

そして私たちは、トランプ政権であっても、「すべて悪い」と頭から決めつける態度はとりませんでした。「複眼」でとらえる努力をやってきました。この政権の「米国第一主義」の問題行動はあげればきりがありません。言えばきりがないほどたくさんあります（**笑い**）。しかしそういう政権であっても、対北朝鮮政策については、一方で、軍事的威嚇をやりながら、他方では、外交交渉による解決の模索がつねに見え隠れしてくるのです。私たちは、そこに注目し、外交交渉による解決の道を選択すべきだと働きかけてきました。そういう働きかけができた根底には、日本共産党の綱領の力があります。

皮肉なことに、トランプ大統領は、北朝鮮問題について、圧力から対話まである「幅」をもった対応をしてきたのに、安倍首相にはその「幅」が見えないんですね（**笑い**）。「圧力一辺倒」で対応し、大破たんに陥りました。安倍首相は、トランプ大統領はゴルフが一緒にできるお友達だとよく自慢していますが、北朝鮮問題については、安倍首相よりも日本共産党のほうがアメリカの動向を正確にとらえていたということになるのではないでしょうか。（「そうだ」の声、拍手）

大激動の世界で、日本共産党の綱領の生命力が輝いています。ここに確信を持って、日本共産党の野党外交の方針が、日本政府の外交方針となる日が、一日も早く訪れるよう、大いに力をつくしたいと決意しています（**大きな拍手**）。どうかお力添えよろしくお願いします。

（**大きな拍手**）

第四。資本主義を乗り越えた未来社会の壮大な展望

第四に、私たちの綱領は、資本主義の枠内での民主的改革のプログラムを示しているだけではありません。資本主義を乗り越えた未来社会――社会主義・共産主義社会の壮大な展望を示しています。ここに日本共産党の綱領ならではの特別の輝きがあるということを、私は訴えたいと思います。

マルクス生誕200年――革命家としてのマルクスへの注目が

今年は、科学的社会主義の土台を築いたカール・マルクスが誕生して200年になります。さまざまな注目がマルクスにそそがれています。

ここに持ってまいりました。「南ドイツ新聞」の今年の元旦号です。3面全部を使い、マルクスの肖像写真を大きく掲載した特集を組んでいます。タイトルは「スーパースター」（**笑い**）。この特集では、「かつてないほどマルクス人気が高まっている」、「本屋には伝記類が並びベストセラー入りしている」、「ドイツ鉄道の新しい新幹線の列車に『カール・マルクス』という名前をつけることになった」（**笑い**）。そうしますと「ちょっと『カール・マルクス』に乗ろう」ということになるのでしょうか（**笑い**）。「ケムニッツの貯蓄銀行はキャッシュカードにマルクスの頭部を印刷した」などと書かれています。こういう特集をドイツの新聞が組みました。

アメリカのコロンビア大学が、英語圏5カ国の大学で多く使われているテキストのランキングを発表しました。第1位は、アリストテレスの『倫理学』、第2位は、英語作文の教科書、そして第3位は、わがマルクス、エンゲルスの『共産党宣言』であります（**拍手**）。大学のテキストでマルクスが上位にランキングされている。

私は、いま起こっているマルクスへの注目の特徴は、社会を変革する革命家としてのマルクスへの注目が広がっていることにあると思います。

いろいろな形でそれは表れています。先日、フランス・ドイツ・ベルギー合作で、カール・マルクス生誕200年記念作品として、映画『マルクス・エンゲルス』が公開されました。若きマルクスとその妻イェニー、そしてエンゲルスが出会い、革命に身を投じ、『共産党宣言』を世に出すまでが描かれ、私も感動を持って見ました。監督のラウル・ペック氏は、「この映画が描きたかったもの、それは、若さと、思想の革命である」と語りました。

ドイツのシュタインマイヤー大統領は、マルクス生誕200年の集会で次のように語りました。

「彼にとって重要なことは、大衆の困窮の克服であり、貧困や支配からの解放であり、絶対的官僚制国家の鉄の手からの解放だった。彼の作品は情熱的なヒューマニズムに貫かれている。そこには言論の自由、人間的な労働条件と8時間労働制、労働者層の教育を求める訴え、そして、自由を求めるたたかいでの女性の役割の高い評価から環境保護の呼びかけまである」

マルクスを生んだドイツの現職の大統領が、マルクスを〝自由を求める革命家〟として語ったことは、たいへん印象深いものがあるではありませんか。

カール・マルクスは何よりも革命家でした。反動的な現実の変革をめざす革命家として出発し、共産主義の立場に到達し、それを科学的に基礎づけられた揺るがないものとするために、経済学の変革という大事業を成し遂げました。生誕200周年にあたって、革命家・マルクスに光があたっていることは、たいへんうれしいことではないでしょうか。（拍手）

背景にあるもの——欧米での社会変革をめざす新たな政治潮流の発展

こうした動きの背景にあるものは何でしょうか。

私は、一つの背景として、グローバル資本主義の暴走のもとで、ヨーロッパとアメリカで、格差・貧困の是正と平和を求める新しい市民運動が発展し、それと結びついて社会変革をめざす新たな政治潮流が生まれていることがあげられると思います。

米国では、2016年の大統領選挙の民主党の予備選挙で「民主的社会主義者」を自称するバーニー・サンダース上院議員が大健闘しました。その後もこの流れは発展しています。最低賃金引き上げのたたかい、高校生たちが中心になった銃の規制運動、女性の人権と尊厳を守る「#MeToo」運動、移民や「マイノリティー」への差別に反対する運動など、人間の尊厳を守るさまざまな市民の運動と幅広く連携し、政治変革の流れをつくりだしています。いま全米各地で、これらの市民運動が合流して、「社会主義者」を自称する候補者が今年秋の中間選挙の民主党候補を決める予備選挙に勝利するという現象が起きています。ニューヨーク州の一つの選挙区で勝利した候補者は28歳の女性です。「私は社会主義者です」と堂々と語って勝利をかちとっている。たいへんに注目される動きであります。（拍手）

ヨーロッパでも二つの流れが交錯しています。一方で、移民排斥を掲げる右翼排外主義の潮流の台頭がみられますが、他方で、進歩的潮流の注目すべき前進が起こっています。「社会主義者」を名乗るジェレミー・コービン党首が率いるイギリス労働党は、昨年6月の総選挙で、緊縮政策反対、格差と貧困の打開を掲げて、躍進をかちとりました。

日本共産党は、昨年（２０１７年）１月に開催した第27回党大会で、欧米の進歩的勢力との交流と連帯を抜本的に強めるという方針を決めました。その後、わが党は、昨年3月と7月、核兵器禁止条約の国連会議に参加し、その場で、イギリス労働党やスコットランド国民党などと懇談し、「核兵器のない世界」をめざして連帯していくことで合意しました。さらに今年3月、わが党代表がギリシャを訪問し、政権与党の「シリザ」（急進左翼連合）と会談し、緊縮政策に反対し、人間の尊厳を守るたたかいで、両党が連携をはかっていくことで一致したことを、ここでご報告しておきたいと思います。（拍手）

発達した資本主義国でのたたかいを相互に交流し、教訓を学ぶことは、日本の社会変革の運動を豊かに発展させるうえでも、世界の進歩的運動の発展のうえでも、大きな意義をもつものです。連帯と交流の発展のために、大いに力をつくしたいと決意しています。（拍手）

「人間の自由で全面的な発展」——未来社会論の魅力ある核心を綱領にすえた

さてみなさん。マルクスは何よりも革命家だったとのべましたが、その本領が最も発揮されたのは、未来社会の開拓者というところにあったと思います。それも、頭の中で資本主義の害悪をとりのぞく「青写真」を描くというのではなくて、資本主義の体制そのものの徹底した研究をもとに未来社会の展望を明らかにしたのがマルクスでした。

そして、マルクスの未来社会論の一番の魅力ある核心——それまでの国際的な通説では覆い隠されていた一番の魅力ある核心に光をあて、現代に大胆によみがえらせたのが、日本共産党綱領が明らかにしている未来社会論であるということを、私は紹介したいと思うのであります。（拍手）

「人間の自由で全面的な発展」——これこそがマルクス、エンゲルスが、若い、最初の時期から、晩年にいたるまで、一貫して追求し続けた人間解放の中心的内容であり、私たちの綱領が未来社会の最大の特質としていることです。

そうした新しい社会に進むには、大き

人間はその時間を自分の知的その他の能力の発達のために使おうとするでしょう。すべての人間が、自由に使える時間──これこそマルクスの未来社会論の一番の魅力ある核心であります。それを党の綱領にしっかりすえたところに、15年前の綱領改定の最も重要な内容があります。そのことによってマルクスの未来社会論の壮大なロマンと展望が現代によみがえったということを、私は強調したいと思います。（拍手）

「人間の自由で全面的な発展」──その保障は労働時間の抜本的短縮にある。

の保障は労働時間の抜本的な短縮にある。それを党の綱領にしっかりすえたところに、15年前の綱領改定の最も重要な内容があります。そのことによってマルクスの未来社会論の壮大なロマンと展望が現代によみがえったということを、私は強調したいと思います。（拍手）

「工場法は新しい社会の形成要素」
──いまのたたかいは未来社会につながっている

そしてみなさん。いま一つ、ここで強調したいのは、未来社会の問題というのは、決して遠い先の話ではない、いまのたたかいとつながっているということです。

私たちの綱領では、経済の分野の民主的改革として、国民の暮らしと権利を守る「ルールある経済社会」を築くことを目標としています。それを綱領で「ルールある資本主義」と表現していないの

たたかいは、すべて未来社会につながっており、未来社会を準備する、いわば人類史的意義をもったたたかいでありま

す。

いま若いみなさんが、「ブラック企業」や長時間・過密労働で苦しんでいます。何とかこの現実を変えたいと労働時間の短縮を求めてたたかっています。このた

が、そういう寺間が導うれたとしたら、何に使ってもいいのです

間ですから、何に使ってもいいのです。自由に使える時間──マルクスはこれを「自由の国」と呼びました──が十分に保障されるようになります。

に使える時間──マルクスはこれを「自由の国」と呼びました──が十分に保障されるようになります。自由に使える時

労働時間の抜本的な短縮は、何をもたらすでしょうか。すべての人間に、自由に使える時間──マルクスはこれを「自

生産活動にあたることになれば、1人あたりの労働時間が大幅に短縮されることになるということです。さらに、資本主義につきものの浪費が一掃され、この点からも労働時間は抜本的に短縮されることになるでしょう。

なり、社会のすべての構成員が平等に生産活動にあたることになれば、1人あたりの労働時間が大幅に短縮されること

そして何より重要なことは、この変革によって、人間による人間の搾取がなくなり、社会のすべての構成員が平等に生

道が開かれます。

けられないさまざまな社会悪を克服する道が開かれます。

り、貧困や格差をはじめ資本主義では避けられないさまざまな社会悪を克服する

義」から、「社会と人間の発展」にかわり、貧困や格差をはじめ資本主義では避

革によって、生産の目的が「利潤第一主義」から、「社会と人間の発展」にかわ

こと──生産手段の社会化です。この変革によって、生産の目的が「利潤第一主

から人間の連合体である社会の手に移すこと──生産手段の社会化です。この変

械、土地などの生産手段を、資本家の手から人間の連合体である社会の手に移す

な社会変革が必要になります。工場や機械、土地などの生産手段を、資本家の手

う。すべての人間が、自由に使える時間を使って、自分の潜在的な力を、自由に、のびのびと、全面的に発展させる条件が開かれます。一人ひとりの人間の発展は、社会全体の素晴らしい発展をつくりだすでしょう。それがさらに労働時間のいっそうの短縮をもたらす。人間と社会の発展の好循環が起こってきます。こういう展望が

と思います。（拍手）

に「ルールある経済社会」への改革によって達成された成果の多く――労働時間の短縮、両性の平等と同権、人間らしい暮らしを支える社会保障などが、未来社会にも引き継がれていくという展望を持っているからであります。

マルクスは、『資本論』のなかで、19世紀のイギリスで労働者が歴史的闘争のすえにかちとった工場法――1日10時間に労働時間を短縮するルールの意義を、さまざまな角度から究明しています。そのなかで工場法は、資本主義社会でつくられたものですが、資本主義とともにその役割を終えるものではなくて、新しい社会が生まれた時には引き継がれて、新しい社会を形づくる要素――新しい社会の「形成要素」に発展するということを書いています（新書版③８６４ページ、上製版Ⅰｂ８６０ページ）。

いま、よりよい社会をつくるための私たちのすべてのたたかいは、未来社会につながっており、マルクスの言葉を借りれば、未来社会の「形成要素」になる。いまのたたかいを、こうした人類史的な展望のなかに位置づけて、大いに力をつくそうではありませんか。

日本共産党という党名には、私たちが理想とする未来社会の展望が刻まれています。人類の歴史は、資本主義で終わりではない、それを乗り越える歴史的時代が必ず訪れる。そうした未来社会の展望をもつ党だからこそ、目の前で解決が求められているどんな問題でも、より大きな視野と展望のなかに位置づけ、確固とした立場でたたかうことができます。みなさん。このことに確信をもち、この誇りある日本共産党という党名を高く掲げて、奮闘しようではありませんか。（**大きな拍手**）

綱領を実現する力はどこにあるか
――強く大きな日本共産党をつくろう

私たちの綱領の生命力について四つの角度からお話しいたしました。大激動の情勢のなかで、いま日本共産党綱領がおもしろい。私は、心からそう実感しております。いかがでしょうか（**拍手**）。どうか私たちの綱領をお読みいただけますと幸いです。

最後に訴えたいのは、綱領を実現する力がどこにあるかということです。

私たちが綱領に明記したどんな内容も、それを実現するためには、それが国民多数の合意となることが必要です。すなわち、その内容が統一戦線――市民と野党の共闘の課題となり、国民多数の支持と共感をえて、初めてそれは現実のものとなります。

それでは、統一戦線を発展させる根本的な条件はどこにあるでしょうか。私たちの綱領では、次のようにのべています。

「日本共産党は、国民的な共同と団結をめざすこの運動で、先頭にたって推進する役割を果たさなければならない。日本共産党が、高い政治的、理論的な力量と、労働者をはじめ国民諸階層と広く深く結びついた強大な組織力をもって発展することは、統一戦線の発展のための決定的な条件となる」

強く大きな日本共産党をつくることこそ、統一戦線を発展させ、綱領を実現する最大の力であります。

そして統一戦線といった場合、それは中央での政党間の問題だけではありません。草の根から、全国津々浦々で、人間と人間との温かい「連帯の絆」をつくりあげてこそ、それは本当の力をもつのではないでしょうか。全国の職場、地域、学園で活動する約2万の日本共産党の支部は、そうした草の根からの「連帯の絆」をつくるうえでかけがえのない役割を果たしており、私たちが誇る宝であります。相手は、国民をバラバラにして間違った政治を押し通そうとする。それに対抗して、草の根で人間と人間の「連帯の絆」をつくるうえでなくてはならないのが日本共産党の支部であります。この支部を土台に、強く大きな日本共産党をつくってこそ、統一戦線を発展させ、日本の希望ある未来を開くことができる。これが私たちの確信であります。

私は、心から呼びかけたいと思います。今日の訴えに共感していただいた方は、この機会に、ここでお会いしたのも何かのご縁ですから（**笑い**）、どうか日本共産党に入党していただき、一人ひとりのかけがえのない大切な人生を、社会進歩に重ねあわせて生きる道を、ともに歩もうではありませんか。（**拍手**）

今年は、日本共産党をつくって96周年です。1世紀に近い歴史を一つの名前で活動し、みずみずしい生命力を発揮している党は、世界をみてもそうはありません（**拍手**）。この歴史は、党創立以来の多くの同志たちの不屈のたたかいによってつくられたものです。私は、今日の私たちのたたかいが、戦前、戦後の多くの同志たちの苦闘によって支えられているということを、この事業に参加し生涯を終えた同志たちへの深い感謝とともに、強調したいと思います。（**拍手**）

みなさん。この不屈の歴史をしっかり引き継ぎ、強く大きな党をつくり、開始された統一戦線――市民と野党の共闘をさらに大きく発展させ、安倍政権を打倒し、野党連合政権に挑戦しようではありませんか。（**大きな拍手**）

当面する最大のたたかい――来年の参議院選挙と統一地方選挙での日本共産党の躍進を必ずかちとろうではありませんか。（**「よーし」の声、大きな拍手**）

そして、4年後に迫った党創立100周年を、より豊かな共闘と党の発展で祝うことができるよう、お互いに力をつくそうではありませんか。（**大きな拍手**）

以上をもって、私の訴えとさせていただきます。（**大きな拍手**）

日本共産党創立96周年万歳！（**「万歳」の声**）

ご清聴ありがとうございました。（**大きな拍手**）

（「しんぶん赤旗」２０１８年7月13日付）